# RÉFORME ÉLECTORALE.

## LETTRE

DE

# M. FERDINAND BÉCHARD,

*Député de Nimes,*

## A SES COMMETTANS.



*Messieurs et chers Concitoyens,*

L'occasion de développer à la tribune les principes de la *droite* sur la réforme électorale ne se présente pas aussi fréquemment que pourraient le croire des personnes étrangères aux débats parlementaires. Les questions d'un intérêt immédiat ont seules le pouvoir de captiver l'attention d'une assemblée délibérante, et l'immense majorité des membres de la chambre des députés n'a jusqu'à ce jour voulu reconnaître ce caractère qu'au projet d'adjonction à la liste des censitaires de 200 fr. de la deuxième liste du jury.

Lors de la discussion de la proposition de M. Ducos, relative à ce projet de réforme, j'ai essayé cependant de formuler les prin-

1843

cipes fondamentaux de la réforme électorale, telle que la *droite* l'a toujours conçue; mais je n'ai pu entrer dans des développemens qui auraient paru sortir des bornes de la discussion. Je crois devoir, aujourd'hui, expliquer toute ma pensée et à ceux qui demandent une action réformiste plus vive, et à ceux qui craignent que cette action ne devienne une occasion de désordre.

L'un des grands avantages du gouvernement représentatif est non seulement de substituer les réformes pacifiques aux révolutions violentes, mais encore de faire subir aux questions politiques une série de préparations et d'épreuves qui les mûrissent peu à peu.

Toutes les grandes et salutaires réformes s'accomplissent lentement. Celle du système électoral a été long-temps discutée en Angleterre avant d'y être adoptée, et vous êtes témoins de l'extrême lenteur avec laquelle O'Connell reconquiert les droits de l'Irlande. Je ne vous dis pas ceci pour décourager vos efforts, mais pour vous inviter à la persévérance dans l'accomplissement de l'œuvre que nous avons entreprise, celle du rétablissement de la nation dans la possession des droits et des lois imprescriptibles dont elle a été dépouillée par un demi-siècle de révolutions.

N'attendez pas de la chambre l'initiative d'une réforme qui serait de sa part un vrai suicide. — La chambre ne se réformera qu'autant qu'elle y sera forcée par le vœu national.

Les manifestations réformistes doivent donc se multiplier, afin d'agir incessamment sur le parlement où le nombre des partisans publics ou secrets de la réforme, quoiqu'encore assez restreint, s'accroît de jour en jour, et où les hommes de droit commun qu'on a vus surgir de tous les partis et résister ensemble à toutes les mesures attentatoires aux libertés publiques, tendent chaque jour à se rapprocher sur un terrain national.

Un grand orateur, qui a long-temps marché à la tête du parti conservateur, vient de faire faire un grand pas à la question de la réforme en se prononçant hautement pour elle; et ce qu'il a osé faire, bien d'autres le feraient avec lui, s'ils avaient le courage quelquefois si difficile de leur opinion.

Pour nous, dont la réforme électorale n'a jamais cessé d'être le symbole politique, et qui avons toujours vu dans cette grande question, non un instrument de tactique ministérielle, ou une question de parti, mais un moyen d'union, de stabilité, de repos, et en même temps de liberté, de grandeur, de gloire pour ce pays, nous n'abdiquerons pas nos principes traditionnels au moment où il leur arrive de toutes parts d'aussi utiles, d'aussi honorables auxiliaires.

Mais plus nous croyons approcher du but, plus il est de notre devoir de préciser nos critiques et nos plans de réforme.

Le système électoral, fondé en France par la loi du 5 février 1817; et continué, sauf quelques modifications secondaires, par la loi de 1831, repose sur cette idée que l'électorat n'étant pas un *droit*, mais une *fonction* qui exige certaines *garanties de capacité*, on doit le restreindre dans une *classe* détérminée de citoyens.

Cette théorie n'est point exacte. Si le concours des contribuables au vote de l'impôt et à la confection des lois générales était une *fonction* dépendante du pouvoir, il n'y aurait point de *droit national*, ce qui impliquerait la légitimité du despotisme. Les formes de la loi électorale peuvent varier; le fond du droit est inaltérable. Il en est des intérêts publics dans une assemblée nationale comme des intérêts privés dans une assemblée d'actionnaires. Tous doivent être représentés, car aucun ne doit rester sans défense.

Or, ce système de représentation des intérêts généraux est-il dans l'esprit de la loi qui régit la France depuis vingt-six ans? Nullement.

L'un des plus illustres auteurs de la loi de 1817, celui de tous, peut-être, qui en a le mieux saisi la pensée philosophique, M. Royer-Collard, pressé de s'expliquer sur ce point, répondit dans les termes suivans : « Les conditions qui produisent la ca-
» pacité politique sont prises sans doute dans *l'intérêt de la so-*
» *ciété toute entière.* Elles expriment cet *intérêt*, et on pourrait
» dire qu'elles le représentent. Mais c'est là tout ce qu'il y a de
» représentatif dans l'électeur; quand il est en action il ne repré-
» sente que lui-même. »

Vingt-six ans d'expérience ont démontré d'une manière victorieuse qu'un système où l'électeur *ne représente que lui-même,* qu'un système fondé sur la combinaison du monopole et de l'individualisme, non seulement ne *représente* pas les intérêts généraux, mais ne les *satisfait* en aucune façon.

Comment se flatter, en effet, de satisfaire les intérêts généraux, en mettant, en dehors de toute action politique, le peuple et les classes supérieures, et en concentrant dans une seule classe le privilége électoral? Notre loi électorale mentirait à son principe

et à la nature humaine, si elle ne faisait prévaloir les intérêts par
ticuliers de la classe privilégiée.

A Dieu ne plaise que j'attaque ici cette classe moyenne à laquelle je m'honore d'appartenir, et qui, dans l'état avancé de notre civilisation, me paraît non seulement importante, mais pré-
pondérante dans ce pays. Je crois qu'il serait insensé de cher-
cher à constituer au dessus d'elle une aristocratie privilégiée
dont tous les élémens nous manquent, et que nos lois et nos
mœurs repoussent également. Mais je crois qu'on n'aurait pas
dû, dans l'intérêt général, dans l'intérêt même de la classe
moyenne, lui attribuer par le privilége ce qu'elle pourrait con-
quérir par son ascendant naturel.

Et qu'on ne se récrie pas sur ce terme de *privilége*, appliqué
à des positions accessibles par le paiement d'un cens électoral
modique, c'est un *privilége*, en effet, dans toute la rigueur du
mot, que la restriction du droit de voter à deux cent mille contribuables sur une nation de trente trois millions d'âmes. Toute
la question consiste à savoir si ce *privilége* est juste et conforme
aux intérêts généraux.

On ne peut le justifier qu'en disant qu'au dessous d'un cens
électoral déterminé, il n'y a que des hommes réputés incapables
de faire des choix politiques.

Je ne m'armerai pas, pour répondre à cette objection du faux
et dangereux principe de la souveraineté du peuple. Je ne dirai
pas que ceux qui adoptent ce principe commettent une inconsé-
quence en accordant le privilége de la souveraineté aux censitaires de 200 fr., et en rejetant parmi les prolétaires tout le reste
de la nation, sans excepter un *Châteaubriand.*

Mais je dirai que, dans tout état de société, le peuple est apte
à exercer dans une certaine mesure une influence au moins in-
directe sur les affaires de l'Etat. Ne déplacez pas les populations,
vous donneriez trop d'avantage aux riches et aux intrigans. Mais
demandez-leur, dans leurs communes respectives, de vous dési-
gner le plus digne, elles s'y tromperont rarement, comme le re-
marque si bien Montesquieu. Un double exemple vient à l'appui;
c'est le choix des syndics des corps et celui des officiers de la
garde nationale, généralement si satisfaisans.

Quant aux classes supérieures (et je n'entends certainement
pas évoquer par cette expression des distinctions sociales irrévo-
cablement abolies, et dont il ne reste plus de vestige ; j'entends,

par classes supérieures , les fortunes faites , les existences indé-
pendantes par rapport aux classes populaires qui ne vivent que
de leur travail, et aux classes moyennes dont les fortunes sont
commencées et en voie d'accroissement), quant aux classes supérieures , notre système électoral ne les exclut pas de droit,
mais il les exclut de fait ; non seulement à cause d'antipa-
thies politiques qui s'éteignent de jour en jour, mais par l'effet d'un sentiment plus profond et plus durable, que M. de
Villèle , avec sa sagacité ordinaire, signala dans la discussion
de 1817.

Dans tout système d'élection directe, les contribuables les plus
rapprochés du *minimum*, cédant à un instinct de jalousie natu-
relle , se coalisent entr'eux contre les contribuables les plus riches et par conséquent les moins nombreux.

De là un antagonisme de classes qui , dans les élections des
villes , exclut la grande propriété au profit des classes moyennes,
et qui , dans les élections municipales des campagnes , exclut la
classe moyenne au profit des classes populaires.

Or , c'est par l'union de toutes les classes et non par leur lutte
que nous pouvons imposer à l'étranger , et garantir notre hon—
neur et nos intérêts nationaux au milieu des complications me-
naçantes qui peuvent, d'un instant à l'autre, compromettre la paix
générale.

Un gouvernement de classe n'est d'ailleurs rien autre chose
qu'un gouvernement de parti; or , les gouvernemens de parti
sont nécessairement faibles, tyranniques et corrupteurs.

Une opposition constamment placée en état de défiance place
forcément le pouvoir en état de partialité et d'injustice. De là
une guerre sourde , incessante , avec d'éternelles alternatives ,
tantôt de tendance vers le despotisme , tantôt de tendance vers
l'anarchie.

On s'est laissé séduire par l'exemple d'un état voisin ; mais on
oublie d'abord, qu'en Angleterre la corruption est le correctif of-
ficiel des vices de la loi électorale. Sir Robert Peel l'a naïvement
déclaré en plein parlement.

« Il serait absurde, disait-il dans la séance du 25 avril 1833 ,
de soutenir qu'un propriétaire, riche de 250,000 fr. de rentes, ne
doit pas avoir plus d'influence sur la législation de son pays, que
l'homme qui n'a qu'un revenu de 250 fr. ; et cependant ils n'ont
l'un et l'autre qu'un vote. Comment cette injustice , cette cho-

quante inégalité est-elle corrigée dans la pratique? *Par l'influence que la fortune exerce dans les élections.* »

Cette influence corruptrice contre laquelle on a déjà passé au parlement anglais plus de cent actes inutiles et qui est, en ce moment même, le but de nouveaux efforts, ne saurait convenir à la France où elle ne pourrait s'exercer, à cause de l'insuffisance des fortunes particulières, qu'avec l'or du budget. Elle répugnerait à nos mœurs et nous coûterait trop cher.

On néglige mal à propos une autre considération; c'est que les oscillations politiques ont en Angleterre nn contrepoids dans une constitution sociale éprouvée par les siècles et respectée par les révolutions, tandis que nous avons fait en France table rase de tout le passé.

D'ailleurs l'aristocratie qui gouverne l'Angleterre, whig ou tory, peu importe, est l'aristocratie la plus riche, la plus capable, la plus gouvernementale qui ait jamais existé. On ne peut pas sérieusement mettre en parallèle avec elle, je ne dis pas notre démocratie, le terme serait impropre; mais l'aristocratie médiocre de nos censitaires de 200 fr.

Encore si la classe dominante était bien compacte!... Mais les partis ne restent unis que pendant la lutte; ils sont habiles à détruire, impuissans à édifier.

Le parti dominant a subi le sort de tous les autres. Uni comme un seul homme dans les grandes luttes qu'il a soutenues contre l'aristocratie, ce parti s'est décomposé le lendemain de la victoire, et ne nous offre depuis treize ans que le spectacle de ses divisions et de ses luttes intestines.

Depuis que j'ai l'honneur de siéger au Palais-Bourbon, je vois tous les ministères poursuivre le même but: le partage de la chambre en deux grands partis parlementaires fonctionnant à la manière des wighs et des torys de l'Angleterre; et je vois à chaque session cette chimère s'évanouir; et les divisions s'accroissent au lieu de diminuer; et chaque ministère laisse, en se retirant dans l'opposition, une couche nouvelle qui s'allie sans se confondre avec les couches antérieures. Et c'est ainsi qu'au sein du parti gouvernemental existent aujourd'hui même six partis bien distincts par les chefs et par les drapeaux.

Ces partis, je voudrais les caractériser par leurs symboles respectifs; mais les nuances politiques qui les distinguent sont imperceptibles. La coalition a rompu le charme des anciennes dénominations; et ce n'est plus que par les noms propres de leurs honorables chefs, MM. *Laffitte, Barrot, Thiers, Dufaure, Guizot, Lamartine*, qu'il est possible de distinguer ces coteries rivales qui s'enlèvent, les unes aux autres dans des évolutions incessantes, des hommes qui changent de drapeau, sans croire même changer de principes.

Il n'y aura rien de stable dans notre ordre constitutionnel, tant qu'on ne sera pas parvenu à fondre toutes ces nuances en deux couleurs bien tranchées. On a beau vanter l'indépendance individuelle, la vie parlementaire exige une certaine communauté de principes et d'action; et il n'y a rien à espérer d'une chambre où l'on ne voit plus dix députés qui marchent ensemble et où chacun ne relève que de ses propres inspirations.

Le trafic des places, qui a pénétré jusque dans le sein du Palais-Bourbon et qui y multiplie incessamment les ambitions mécontentes, n'est pas étranger sans doute aux progrès de ce fractionnement poussé jusqu'à l'individualisme. L'opposition parlementaire en est profondément convaincue, et chaque session ramène, tantôt sous une forme, tantôt sous une autre, la proposition de M. Gauguier contre les *fonctionnaires publics*. Mais cette proposition qui a déjà échoué neuf fois, est certainement destinée à un échec permanent, tant que la permanence des colléges électoraux les livrera à des ministres qui disposent, sans scrupule et dans leur seul intérêt, de cent quatre-vingt mille emplois salariés. La combinaison du monopole électoral et de l'omnipotence ministérielle dans la distribution des emplois, livre les fonctions publiques comme une curée aux hommes d'intrigue, et en fait, en quelque sorte, l'appoint du revenu des électeurs influens.

Sous ce rapport, le siége du mal est dans le corps électoral plus encore que dans la chambre. Que quelques hommes oublient leur dignité et leur devoir au point de ne voir dans la députation qu'un marchepied pour arriver aux honneurs ou à la fortune, je l'admettrai quoiqu'à regret. Mais j'aime à croire, pour l'honneur de la chambre et du pays, que ces scandaleux exemples sont rares.

Ce qui l'est beaucoup moins, c'est qu'on cherche dans la députation un moyen d'accroître son influence ou sa popularité, au lieu d'une occasion de servir utilement son pays. Les députés se montrent en général si jaloux des honneurs de la réélection, qu'ils se placent, pour y parvenir, dans la dépendance de leurs électeurs, dont ils flattent outre mesure les intérêts et les passions. Il suit de là que les élections se font moins sous l'iufluence des intérêts généraux que sous l'iufluence des intérêts locaux, et même des intérêts individuels.

On ne consulte qu'en seconde ligne les convictions, les principes, le patriotisme du candidat. Ce qu'on recherche avant tout, c'est son utilité probable pour ses électeurs. Plus il a de facilités dans les bureaux ministériels, plus il a de chances pour être élu. Un député promu à des fonctions salariées est presque sûr d'être réélu avec une majorité plus forte qu'auparavant.

Ainsi les colléges électoraux sont transformés en bazars, et le trafic des places, devenu le moyen à peu près unique de gouvernement, corrompt les mœurs publiques et le régime parlementaire, et compromet la plupart des services administratifs.

Cet état de choses est trop dangereux pour que les chambres ne sentent pas la nécessité d'en rechercher les causes et d'y apporter un remède.

Assurément, il ne dépend pas entièrement d'elles de mettre un frein à l'ambition et à la cupidité ; et quelques précautions que l'on prenne, l'intrigue, la fraude, la corruption auront toujours une part assez large dans les élections.

Mais encore faut-il que les lois, au lieu de réprimer l'égoïsme, ne l'exaltent pas outre mesure, et que tout ne soit pas disposé de telle sorte que l'ambition et l'intrigue puissent tout se promettre et se permettre impunément.

Or, en réfléchissant à l'ensemble de nos institutions, et spécialement à nos lois électorales, on est forcé de reconnaître que leur vice radical consiste dans l'excès de prépondérance donné aux intérêts particuliers sur les intérêts généraux.

C'est ce que pressentit avec un instinct admirable un grand orateur, M. de Serres, quand il s'agit, en 1817, de fonder l'élection directe par les censitaires de 300 fr. Dans un discours non moins remarquable par la profondeur de la science que par l'étendue des vues, M. de Serres s'attacha à prouver que l'individualisme en matière électorale deviendrait un instrument de corruption et un principe de révolution.

Ces prévisions n'ont été que trop justifiées par l'expérience. Tous les orateurs les plus consciencieux de la chambre et les moins accessibles aux préjugés de parti, les Lepelletier d'Aulnay, les Tocqueville, etc., n'ont pas hésité à reconnaître et à proclamer hautement que l'invasion des intérêts particuliers dans les affaires publiques était la grande plaie de notre régime constitutionnel.

C'est sans doute pour remédier à ce mal, que la gauche et le centre gauche proposent incessamment des projets de réforme électorale. Mais, sans rechercher si c'est la tactique parlementaire ou l'intérêt du pays qui domine le plus dans les plans de ces réformateurs, ce que nous pouvons du moins constater, c'est qu'ils frappent tous à côté du but.

L'adjonction de la deuxième liste du jury serait un hommage justement rendu aux droits de l'intelligence qui ne doit pas être déshéritée par le *monopole du cens* ; mais elle aurait peut-être l'inconvénient de multiplier les élémens de corruption.

L'abaissement du cens, loin de corriger les vices du monopole, ne tendrait qu'à abaisser le niveau des influences et à rendre le parlement un peu plus médiocre encore.

Le suffrage universel direct, en étendant outre mesure l'action de l'individualisme, livrerait le pays au despotisme du nombre et aux hasards des révolutions.

La seule réforme, digne des sympathies des bons citoyens, serait celle qui s'attaquerait nettement et sans arrière-pensée à la lèpre de l'égoïsme, et qui chercherait à rendre à l'esprit public le désintéressement patriotique qui va toujours s'affaiblissant.

Or, nous avons toujours pensé et nous persistons à croire que le système le plus propre à nous conduire vers ce but serait celui qui reposerait *sur l'organisation et sur la représentation de tous les intérêts nationaux* (1).

Le vote universel, même avec les deux degrés d'élection, pourrait effrayer les amis de l'ordre, s'il s'agissait de jeter pêle-mêle sur la place publique une tourbe populaire privée d'organisation, et ne représentant que des volontés individuelles. Mais intéressés, comme nous le sommes, au maintien de l'ordre matériel, dépositaires des grands principes par lesquels les sociétés vivent et se perpétuent, nous ne risquerons certainement pas dans une réforme révolutionnaire les conditions de notre avenir social et politique. Le parti de l'ordre ne saurait mentir à ses intérêts et à ses principes. Il repousse avec indignation la pensée anarchique de faire sortir le bien de l'excès même du mal. Il ne fait point

(1) Lettre des députés de la droite et Memorandum.

appel, par le suffrage universel, à la puissance aveugle du nombre.
Il n'a jamais séparé l'idée de *représentation générale* de celle
d'*organisation*; et l'assemblée nationale, telle qu'il l'a toujours
conçue, doit être le résumé d'une société *ordonnée* selon des
*formes mobiles* sans doute, mais aussi selon les *lois immuables* de
toute société.

Ce qui distingue essentiellement le système électoral de la
*droite*, de ceux des autres partis, c'est qu'il tend à représenter
non les *opinions individuelles*, source de troubles et de désor-
dres, mais les *intérêts* de famille, de corps, de cité : élémens
conservateurs, liens de l'ordre social.

Ce système n'est pas conçu dans un intérêt de parti, c'est un
appel fait à la France, contre la division des opinions : c'est plus
qu'une pensée de transaction, de conciliation ; c'est la recon-
naissance d'un droit immémorial et imprescriptible du droit
qu'ont tous les contribuables de concourir au vote de l'impôt
qu'ils doivent payer.

On oppose à ce système, tantôt qu'il masque des vues d'anarchie, tantôt qu'il tend à exagérer l'influence de la grande propriété. Ces reproches sont contradictoires ; aucun d'eux d'ailleurs
n'est fondé.

Les hommes monarchiques qui, en 1815 et 1817, défendaient
les deux degrés avec tant d'unanimité, ne poussaient sans doute
pas la restauration à l'abîme. L'anarchie est au fond des systèmes
qui ne représentent que les opinions individuelles, non dans
ceux qui sont appuyés sur les *intérêts* communs. En plaçant dans
la commune le premier degré de l'élection, on rétablirait sur sa
base la représentation nationale, que les Anglais ont sagement
nommée : *chambre des communes.* « La commune, disait en
» 1817 l'illustre M. de Bonald, la commune est le premier élé-
» ment de la famille politique. C'est un corps plus réel, plus
» solide, plus visible que le département ou le royaume qui sont
» plutôt des corps moraux ; et comme ces trois corps, commune,
» département, royaume, forment le corps politique, l'Etat tout
» entier, il est naturel que, dans la manière de composer la re-
» présentation universelle de la nation, les mêmes corps parti-
» cipent dans le même ordre à la députation : ainsi la commune
» députe au département, le département députe au royaume ;
» système d'élection analogue et complet, motif profond et na-
» turel des deux degrés d'élection. »

On oppose que ce système paralyse la vie politique ; il peut mettre obstacle à l'essor des ambitions désordonnées, mais il favorise l'action régulière des intérêts sociaux et, au lieu d'un inconvénient, présente par là un double avantage.

Quant au reproche fait à l'élection à deux degrés, de tendre à exagérer l'influence de la grande propriété, je crois d'abord qu'il est injuste de considérer comme trop aristocratique un système électoral qui reconnaît les droits de tous, et qui n'admet d'autres limites à leur exercice que celles qui naissent, non de l'arbitraire ou de l'usurpation, mais de la force même des choses.

Je crois ensuite que l'influence de la grande propriété dans les communes rurales serait d'autant moins redoutable dans l'état de nos mœurs plus jalouses que respectueuses, qu'elle ne pourrait s'acquérir que par des services réels rendus à la chose publique.

Ceux qui, après un demi-siècle de révolution, redoutent encore ce qui peut rester d'influence aristocratique dans les campagnes, doivent d'ailleurs faire attention au contre-poids qu'opposerait la démocratie des villes. Si les communes rurales représentaient la propriété, l'industrie, le commerce, la science, la religion seraient représentés par les villes.

Il ne s'agit pas de sacrifier l'industrie à la propriété, ou la propriété à l'industrie. Il ne s'agit pas d'établir entre les villes et les campagnes un dangereux antagonisme. Il s'agit, d'un côté, de rendre aux campagnes la part d'influence dont les a déshéritées un système électoral qui laisse sans représentans plus de la moitié peut-être de nos communes rurales. Il s'agit, d'un autre côté, d'organiser dans les villes cette démocratie qui, livrée à l'individualisme, devient un foyer permanent de troubles. Il s'agit, en un mot, de coordonner et de fondre tous les intérêts sociaux dans la grande unité nationale et de les faire converger ensemble vers le bien public.

La solution de ce grand problème est difficile sans doute, mais l'histoire prouve qu'elle a été, à des époques diverses, autre chose qu'une théorie.

Le principe éminemment conservateur qui lui sert de base est celui à l'ombre duquel la Grèce fut libre et puissante jusqu'à l'époque fatale où la *timocratie* de Solon, prévalant sur l'organisation *paroissiale*, *amphictyonique*, ouvrit les voies aux sycophantes, avant-coureurs des tyrans.

C'est celui qui porta Rome au plus haut degré de puissance :

car qui ne connaît la sévérité de sa législation domestique, la puissante organisation de ses *ordres* et de ses *corps*, la vigueur et l'éclat de ses *municipes* modèles des nôtres, son respect religieux pour les institutions locales même chez les peuple conquis?

Ce principe est enfin celui qui, dans l'Europe moderne et particulièrement en France, présida pendant huit cents ans, par des élections graduelles, à la composition des assemblées communales et provinciales et des Etats généraux, et forme ce bel ensemble d'institutions nationales, véritable principe de la civilisation moderne.

L'illustre Fénélon l'a résumé en quelques lignes dans les plans de gouvernement destinés au duc de Bourgogne.

Le célèbre Turgot l'appliqua à la législation municipale par l'édit du mois de mai 1765.

Enfin, Louis XVI le fit triompher après deux siècles de lutte entre le pouvoir absolu et les vieilles libertés nationales, par la célèbre déclaration de 1789.

Otez de ce règlement la division des trois ordres qui ne lui est pas substantielle, vous trouverez, dans les deux degrés d'élection prescrits dans chacun des ordres et particulièrement dans le *tiers-état*, les seules bases possibles d'un bon système électoral (1).

---

(1) Tous les habitans composant le tiers-état des villes, ainsi que ceux des bourgs, paroisses et communautés de campagne, ayant un rôle séparé d'imposition, seront tenus de s'assembler dans la forme ci-après prescrite, à l'effet de rédiger le cahier de leurs plaintes et doléances, et de nommer les députés pour porter ledit cahier aux lieu et jour qui auront été indiqués (art. 24).

A cette assemblée auront droit d'assister tous les habitans nés Français ou naturalisés, âgés de 25 ans, domiciliés et compris au rôle des impositions, pour concourir à la rédaction des cahiers et nommer leurs députés (art. 25).

Dans les villes dénommées en l'état annexé au présent règlement, les habitans s'assembleront d'abord par corporations; les corporations d'arts et métiers choisiront un député à raison de cent individus et au dessous, présens à l'assemblée, deux au dessus de deux cents, et ainsi de suite. Les corporations d'arts libéraux, celles des négocians, armateurs, et généralement *tous les autres citoyens réunis par l'exercice des mêmes fonctions*, et formant des assemblées ou des corps autorisés,

C'est d'après ces principes que six millions de contribuables furent régulièrement convoqués , et que fut formée cette célèbre assemblée qui a accompli de si grandes choses, et qui aurait achevé sans violence la réforme heureusement commencée, si, au lieu de se laisser entraîner par Sieyes et par Mirabeau à la violation de leurs mandats , les députés eussent respecté la loi même de leur existence et les conditions essentielles de tout ordre social.

On cite l'exemple de la convention nommée sous l'empire des mêmes principes ; mais on oublie, indépendamment de la terreur qui régnait alors et des moyens exceptionnels que la loi même mit en pratique, la suppression des corps et des ordres qui formaient la première assise du système électoral, et le faux principe consacré par la constitution de 1793 que la puissance du nombre était la seule légitime.

Les élections de l'an VI prouvent mieux que celles de 93 ce qu'est dans un état normal le système des deux degrés.

Napoléon l'exagéra dans un sens aristocratique , par ses listes de notables et par ses candidatures déférées au sénat ; et comme certains de ses conseillers le lui reprochaient : *Que craignez-vous?* leur répondit-il. *Est-ce l'influence des grands propriétaires? Ces hommes ne veulent pas que le sol tremble, c'est leur intérêt et le mien.*

Le projet de constitution fait par le sénat en 1815, rétablit le sys-

nommeront deux députés à raison de cent et au dessous, quatre au dessus de cent, six au dessus de deux cents, et ainsi de suite...

Les habitans composant le tiers-état des villes qui ne se trouveront, compris dans aucun corps, communautés ou corporations, s'assembleront à l'Hôtel-de-Ville au jour qui sera indiqué par les officiers municipaux, et il y sera élu des députés dans la proportion de deux députés pour cent individus et au dessous présens à l'assemblée, quatre au dessus de cent, six au dessus de deux cents, et toujours en augmentant ainsi dans la même proportion (art. 27).

Les députés choisis dans ces différentes assemblées particulières formeront à l'Hôtel-de-Ville, et sous la présidence des officiers municipaux, l'assemblée du tiers-état de la ville , dans laquelle assemblée ils rédigeront le cahier des plaintes et doléances de ladite ville, et nommeront des députés pour le porter aux lieu et jour qui leur auront été indiqués (art. 28).

tème de l'élection à deux degrés sur sa base populaire ; et plût à Dieu que les jalousies développées entre l'industrie et la propriété par les événemens de 1814 n'eussent pas concouru, avec le fatal article 40 de la charte, à faire préférer le système de l'élection directe par les censitaires de 300 fr. !

De la loi du 5 février 1817 date la lutte politique qui s'est terminée, selon les prévisions des royalistes de 1817, par une révolution. Personne ne peut douter aujourd'hui que ce résultat n'eût été tout autre si quelques membres du côté droit, quittant la ligne nationale suivie par leurs collègues, n'eussent préludé dès-lors, par l'effet d'une erreur que regrettent ceux d'entr'eux qui ont survécu, et notamment un des chefs les plus éminens du parti conservateur, à la défection et au vote avec les 221.

Une révolution, faite au nom de la charte, a d'ailleurs été à peine accomplie qu'il s'est agi de réduire le cens qu'elle avait fixé. Vainement quelques hommes sages et prévoyans ont-ils manifesté dès-lors la pensée de revenir au système des deux degrés. Vainement l'honorable rapporteur de la loi de 1831, M. Béranger, a-t-il dit à la chambre : « L'élection à deux degrés est » mathématiquement juste ; elle donnerait à la chambre une » force morale énorme et entretiendrait le patriotisme dans le » pays. Elle éviterait la permanence des colléges électoraux et » favoriserait, par conséquent, l'indépendance du député en ren- » dant impossibles les coalitions préparées d'avance, et en oppo- » sant de très grands obstacles aux fraudes électorales. »

Malgré ces paroles presque prophétiques, les chambres ont maintenu le système de l'élection directe et en ont aggravé les vices par la combinaison malheureuse de la réduction du cens et du vote au chef-lieu d'arrondissement.

Qu'est-il résulté de là ? Précisément le contraire de ce que M. Béranger aurait espéré du système de l'élection à deux degrés.

Au lieu d'entretenir le patriotisme dans le pays, ce système a fait prévaloir les ambitions individuelles sur les intérêts généraux.

Au lieu d'augmenter la force morale de la chambre, il l'a divisée et subdivisée jusqu'à l'individualisme. Enfin, au lieu d'écarter les fraudes et de rendre les coalitions impossibles, il les a excitées au point de faire succomber en treize ans cinquante ministres devant des reproches toujours répétés de vénalité, de fraude et de corruption.

Et maintenant, Messieurs, sous le ministère du 30 octobre, comme sous tous ceux qui l'ont précédé, les accusations recommencent, et iront toujours croissant ; et vous verrez se réformer des coalitions nouvelles, s'il n'en existe déjà ; et le pouvoir, loin de s'affermir, s'affaiblira de plus en plus. Il n'appartient pas à un homme, si puissant qu'on le suppose par le talent et le caractère, de rallier autour de lui toutes ces volontés divergentes et de faire cesser l'état d'anarchie intellectuelle auquel nous sommes en proie. Ce prodige n'est réservé qu'aux grands principes de droit commun qui ont fait la force et la gloire du mouvement de 89.

Pour moi, Messieurs, je ne vois que là le terme des révolutions et la garantie de notre avenir.

La question électorale n'est pas à mes yeux une question de parti ; car je suis intimement convaincu que de tous les partis qui ont régné sur la France, il n'en est aucun aujourd'hui qui puisse s'imposer aux autres d'une manière durable. Je désire donc avec tous mes amis de la *droite* une réforme conçue dans le sens des intérêts généraux et permanens de mon pays, une réforme appuyée sur les principes de droit commun. Et s'il est vrai que les idées que j'ai loyalement exprimées soient antipathiques au mouvement démocratique qui nous entraîne, et que nous n'ayons plus qu'à choisir entre les moyens d'accélération plus ou moins rapides de ce mouvement, mes paroles resteront du moins comme une protestation contre une tendance que je crois funeste aux intérêts de la France et surtout à sa liberté.

Agréez, Messieurs et chers Concitoyens, la nouvelle assurance de mon entier dévoûment.

Ferdinand BÉCHARD.

———⚬———

Extrait de la *Gazette du Bas-Languedoc*, du 1ᵉʳ octobre 1843, n° 1088.

IMPRIMERIE D'ÉD. PROUX ET Cᵉ, RUE NEUVE-DES-BONS-ENFANS, 3.

www.ingramcontent.com/pod-product-compliance
Lightning Source LLC
Chambersburg PA
CBHW051501060726
47596CB00007B/2868